D1671903
Dieses Buch gehört:
....
Der Autor und Illustrator
wünscht viel Spaß beim Lesen!

Rudolf Schuppler

Nibelungensage

Impressum:

Für den Inhalt und die Illustrationen verantwortlich:
Rudolf Schuppler, A-2130 Mistelbach, Barbaraweg 5
schuppler@aon.at www.grafik-schuppler.at

Lektorat: Susanne Jauss, www.jauss-lektorat.de

Verleger:
KRAL-Verlag
Anton Kral GmbH (Inh. Robert Ivancich), A-2560 Berndorf, J.F. Kennedyplatz 2
Tel.: 02672 82236
buch@kral-berndorf.at www.kral-verlag.at

1. Auflage / Erschienen in Berndorf 2014

ISBN 978-3-99024-267-4

In Worms, Residenzstadt des Burgunderreiches ...
Melde König Gunther, Siegfried von Xanten möchte ihn sprechen!
Im Burgsaal, wo König Gunther, seine Schwester Kriemhild und der Waffenmeister Hagen von Tronje gerade versammelt sind ...
Ein Ritter namens Siegfried von Xanten möchte Euch sprechen.
Siegfried! Das bedeutet nichts Gutes!
Wer ist Siegfried? Erzählt doch!

Siegfried ist der Sohn des Königspaares Siegmund und Sieglinde zu Xanten am Niederrhein. Man erzählt, dass er als Jüngling den beiden Söhnen des Zwergenkönigs Nibelung im Wald begegnet sei.
Hilf, das Erbe unseres verstorbenen Vaters gerecht unter uns beiden aufzuteilen. Als Dank für deinen Dienst erhältst du dieses kostbare Schwert, Balmung genannt.
Siegfried willigt ein und teilt den unermesslichen Goldschatz in zwei gleich große Haufen.
Mein Brunder Schildung erhält viel mehr als ich. Du bist ein Dummkopf!
Das stimmt nicht, du bevorzugst meinen Bruder Nibelung.

Du bist ein Betrüger! Gib uns das Schwert zurück!
Da wird Siegfried zornig und erschlägt beide Königssöhne.
Ihr goldgierigen Zwergenkönige! Nun gehört der Schatz der Nibelungen mir alleine.

Als Siegfried die Schatzhöhle betritt, wird er von einer unsichtbaren Macht attackiert. Er wehrt sich mit all seiner Kraft.
Nach einiger Zeit kann er den unsichtbaren Gegner fassen u reißt ihm die Kopfbedeckung vom Haupt. Der Widersacher is plötzlich für Siegfried erkennba
Verschone mich! Ich bin nur der Verwalter des Schatzes und wollte diesen schützen.
Wie heißt du? Was ist das für eine Kopfbedeckung, die dich vor den Blicken anderer verbirgt?
Man nennt mich Alberich, und das ist eine Tarnkappe, die mir einen großen Vorteil gegenüber meinen Gegnern verschafft.
Schwöre mir Treue, und ich werde dich am Leben lassen. Schaffe den Nibelungenschatz mit deinen Helfern unverzüglich nach Xanten!

Auf Siegfrieds Rückweg nach Xanten begegnet er Fafnir, dem gefährlichsten und größten Drachen weit und breit.
Im Kampf mit dem Drachen gelingt es Siegfried, sein neu erworbenes Schwert Balmung mitten in das Herz des Drachens zu stoßen, der augenblicklich sein Leben aushaucht. Aus der Wunde des Drachens ergießt sich ein mächtiger Blutschwall und sammelt sich in einer nahegelegenen Vertiefung am Boden.

Siegfried bemerkt, dass an jener Stelle, wo das Drachenblut seine Haut benetzt, diese sofort so hart wie Horn wird.
Dies ist ein vortrefflicher Schutz! Ich werde im Drachenblut baden, und mein Körper wird dadurch unverwundbar.
Nur ein kleiner Bereich von Siegfrieds Körper bleibt verletzbar, weil ein herabfallendes Lindenblatt verhindert, dass diese Körperstelle mit Drachenblut benetzt wird.
Ich rate Euch, empfängt Siegfried wohlwollend.
Es ist nicht gut, den Drachentöter zum Feind zu haben.

Edler Siegfried, was führt Euch zu uns?
Ich möchte mich mit Euch im Zweikampf messen. Der Sieger soll das Reich des anderen erhalten.
Frechheit! Schlagen wir ihn und seine Nibelungenritter tot!
Warum möchtest du mir das Erbe meines Vaters streitig machen? Lass uns doch als Nachbar in Frieden zusammenleben.
Mein Bruder und König hat Recht. Sei unser Gast und bleibe hier am Hofe, solange es dir gefällt.
Siegfried willigt zögernd ein.
Komm mit in den Burgsaal, wo wir zu deinen Ehren ein Festmahl bereiten werden.

Ich erblicke nirgendwo Eure Schwester Kriemhild, deren Schönheit über die Landesgrenzen Burgunds bekannt ist. Wo ist sie? Ich hoffe, du versteckst sie nicht vor mir?
Meine Schwester Kriemhild befindet sich in ihrer Kemenate, weil sie sich nicht wohlfühlt. Sie hatte gestern einen fürchterlichen Albtraum, der von meiner Mutter Ute so gedeutet wurde, dass sie ihren zukünftigen Gemahl schon sehr früh verlieren werde. Daraufhin schwor Kriemhild, sich niemals zu vermählen und Jungfrau zu bleiben. Ein nicht ernstzunehmendes Versprechen meiner Schwester.
Siegfried bleibt am Hof zu Worms, und bei vielen Turnierkämpfen stellt er seine Geschicklichkeit und Kraft siegreich unter Beweis.
König Gunther hat Kriemhild verboten, Siegfried zu begegnen. Jedoch beobachtet sie heimlich den Held von ihrem Turmfenster aus.
Hast du nicht vor einigen Monaten versprochen, unvermählt zu bleiben - oder bahnt sich da etwa ein Sinneswandel an?
Ach, Mutter, was du immer daherredest!

Eines Tages trifft ein Bote mit einer unheilvollen Nachricht in Worms ein.
König Lüdegar von Sachsen und König Lüdegast von Dänemark erklären uns den Krieg. Mit einer gewaltigen Streitmacht sind sie bereits im Anmarsch und werden in Kürze eintreffen.
Die Zeit, die uns noch verbleibt, ist zu kurz, um all unsere Ritter zu mobilisieren. Vielleicht können wir unseren Gast Siegfried überzeugen, sich mit seinen Nibelungenrittern unserem Heer anzuschließen. So könnten wir die Niederlage, die uns droht, erfolgreich abwehren. Sein Ruf würde unsere zahlenmäßig weit überlegenen Gegner sicherlich einschüchtern.
Freunde, meine Nibelungenritter und ich freuen uns, mit euch in den Kampf zu ziehen!

Siegfried gönnt sich keine Ruhe und streift mit seinem Pferd nahe dem gegnerischen Lager umher. Plötzlich erblickt er einen prächtig gerüsteten Ritter auf seinem Pferd und stellt sich ihm im Zweikampf.
Tötet mich nicht, ich bin Lüdegast, König der Dänen.
Siegfried fesselt König Lüdegast und bringt seine Beute in das Lager der Burgunden, die erfreut und erstaunt über den außergewöhnlichen Fang des Drachentöters sind.
Am nächsten Tag entbrennt ein fürchterlicher Kampf, und im Getümmel erkennt Siegfried Lüdegar, den König der Sachsen. Er schlägt sich durch die Kampfesreihen bis zum König durch und bezwingt diesen.
Meine Soldaten und ich geben uns geschlagen. Gegen ein Heer, das den Drachentöter auf seiner Seite hat, sind wir chancenlos. Wir schwören König Gunther ewige Treue.

Triumphal kehren die Burgunden heim.
Geliebter Bruder, darf ich heute beim Siegesfest Siegfried sehen?
Ihr seid Kriemhild, die Euer Bruder so lange vor mir versteckt hielt. Ich kann es verstehen, denn jeder, der Euch erblickt, ist von Eurer Anmut und Schönheit so geblendet, dass Ihr ihm nicht mehr aus dem Sinn geht.
Ihr seid anscheinend nicht nur im Kampf, sondern auch in der Liebe unbezwingbar.

Siegfried und Kriemhild verlieben sich unsterblich ineinander.
Was ist los, mein Bruder? Warum bist du so voller Sorge?
Ach, Giselher, wie gerne würde ich Thron und Krone mit einer Frau teilen. Da habe ich beschlossen, nach Isen zu fahren und um Königin Brunhild zu werben.
Weißt du, auf welche Gefahr du dich da einlässt? Das kann dich Leib und Leben kosten!
Giselher hat Recht! Brunhild hat geschworen, nur jenen Mann zum Gemahl zu nehmen, der sie im Speerwurf und beim Steinwerfen übertrifft. Wer ihr in diesem Wettkampf jedoch unterliegt, muss sofort sterben. Willst du dich wirklich dieser Gefahr aussetzen?
Keine Sorge, Hagen. Ich werde Siegfried beim Wettkampf an meiner Seite haben.
Als Lohn für seine Hilfe bei der Brautwerbung habe ich ihm meine Schwester Kriemhild zur Frau versprochen.

Viel Glück, Bruder!
Seht, dort ist die Küste von Isenland.
Die Burgunden stehen überwältigt vor der in Fels und Eis gehauenen Festung Isenstein.
Welch grandioses Bauwerk! Wurde dies von Menschenhand oder von Göttern geschaffen?

Ritter aus dem fernen Burgund möchten Euch sprechen, Königin Brunhild.
Sei willkommen. Was führt dich und deine Begleiter zu mir? Bist du nicht Siegfried, genannt der Drachentöter?
Euer Willkommensgruß gebührt nicht mir sondern König Gunther, edle Brunhild. Er möchte Euch im Wettkampf besiegen und Euch als seine Frau und Königin nach Worms führen. Ich bin nur König Gunthers Lehensmann.
Der berühmte Held und Drachentöter ist nur Lehensmann von König Gunther? Was ist das für eine außergewöhnliche Sitte bei euch Burgunden?
Nun gut, so soll es sein. König Gunther, mach dich zum Wettkampf bereit.

Hab keine Angst, Gunther. Wir werden Brunhild gemeinsam besiegen. Meine Tarnkappe wird uns dabei gute Dienste leisten.
Brunhild hebt ihren gewaltigen Wurfspeer hoch und schleudert diesen mit aller Kraft gegen König Gunther und seinen unsichtbaren Helfer.
Der wuchtige Aufprall lässt König Gunther und Siegfried fast zum Sturz kommen.
Nun werfen König Gunther und Siegfried den Speer mit dem stumpfen Teil nach vorne gegen Brunhild, damit diese durch die Speerspitze nicht verletzt wird.
Der gewaltige Wurf zwingt die Königin in die Knie.
Die überraschte Brunhild nimmt nun einen großen Wurfstein in die Hände und schleudert diesen Hunderte Meter weit.
König Gunther jedoch hebt mit Siegfrieds Hilfe einen noch um ein Vielfaches größeren Stein hoch und wirft diesen doppelt so weit von sich wie Königin Brunhild.

Unfassbar, welche gewaltige Kraft in König Gunther steckt. Ich gebe mich geschlagen!
Wo wart Ihr, Siegfried? Während des Wettkampfes habe ich Euch nicht gesehen? Ziemt es sich für einen Lehensmann nicht, seinem König im Kampf beizustehen?
Ich war am Hafen, um etwas Wichtiges zu holen. Mein König ist stark genug, er benötigt beim Wettstreit mit einer Frau nicht die Hilfe seines Lehensmannes.
Lasst uns abreisen!
Heute schon?
Ich möchte mich vorher noch von den Verwandten und meinem Gesinde verabschieden, bevor ich Euch in das ferne Burgund folge.
Hätte mich Siegfried und nicht der unscheinbare König Gunther besiegt, um wie viel leichter würde es mir fallen, das Los, das mir bevorsteht, zu ertragen.
Meine Freunde, sobald wir das Festland erreicht haben, senden wir einen Boten mit de frohen Botschaft über unseren Sieg na Worms, damit man dort unverzüglich di notwendigen Vorbereitungen für unsere Doppelhochzeit in die Wege leitet.

In Worms ...
Herzlichen Dank für die frohe Kunde.
Nach der Rückkehr der Burgunden wird in Worms die Doppelhochzeit von König Gunther mit Brunhild und von Siegfried mit Kriemhild gefeiert.
Siegfried und Kriemhild sind solch ein glückliches Paar. Wie gerne würde ich an Kriemhilds Stelle sein.
Geliebte Kriemhild, mein gesamter Nibelungen-schatz soll von nun an dir gehören.
Dies ist meine Morgengabe an dich.

Am nächsten Tag ...
Was ist los, Gunther? Warum bist du so bedrückt?
Ach, Siegfried, in der Hochzeitsnacht hat mich Brunhild in ihrem Zorn und Schmerz, weil sie mir im Wettkampf auf Isenland unterlegen war, mit ...
... ihrem Gürtel gefesselt und die ganze Nacht lang an einem Nagel an der Wand aufgehängt.
Sei unbesorgt, mein Freund Gunther. Ich werde dir in der kommenden Nacht helfen und Brunhild gefügig machen.
Mit meiner Tarnkappe werde ich unsichtbar sein, und gemeinsam werden wir sie niederringen. Brunhild wird denken, du hättest sie nochmals bezwungen. Danach wird sie dir treu ergeben sein.

Nach dem Vorfall
r letzten Nacht wagst
du dich noch in mein
Schlafgemach?
Ich werde
dich lehren, mich
so zu demütigen!
Gunther und der unsichtbare Siegfried bezwingen die Königin gemeinsam. Als Siegfried die Schlafkammer verlässt, nimmt er heimlich Brunhilds kostbaren Gürtel an sich.
Verzeih mir.
Ich werde mich
dir nie mehr
widersetzen.
Nach den Hochzeitsfeierlichkeiten brechen Siegfried und Kriemhild nach Xanten auf.

Nach zehn Jahren ...
Ich würde so gerne Kriemhild und Siegfried wiedersehen. Was meinst du? Könnten wir sie nicht zu unserem diesjährigen Sonnwendfest einladen?
Eine gute Idee, Brunhild. Ich würde mich auch freuen, die beiden wiederzutreffen. Sofort werde ich einen Boten nach Xanten senden.
Herzlich werden Siegfried und Kriemhild in Worms empfangen.
Ein Hoch auf Siegfried, unseren Freund!

Beim Kirchgang am nächsten Tag möchte Kriemhild vor Brunhild den Dom betreten.
Tritt zurück, Kriemhild!
Es ziemt sich nicht, dass die Frau eines Lehensmannes den Vortritt vor der Königin hat.
Schweig, Brunhild! Diese Beleidigung lasse ich mir nicht bieten! Höre, nicht König Gunther, sondern mein Gemahl Siegfried mit seiner Tarnkappe hat dich vor Jahren auf Isenland und später in der Schlafkammer besiegt.
Du lügst!
Nein, sieh her. Das ist doch der Gürtel, der dir in der Nacht im Schlafgemach abgenommen wurde, oder nicht? Siegfried hat mir alles erzählt und ihn mir als Geschenk überreicht.

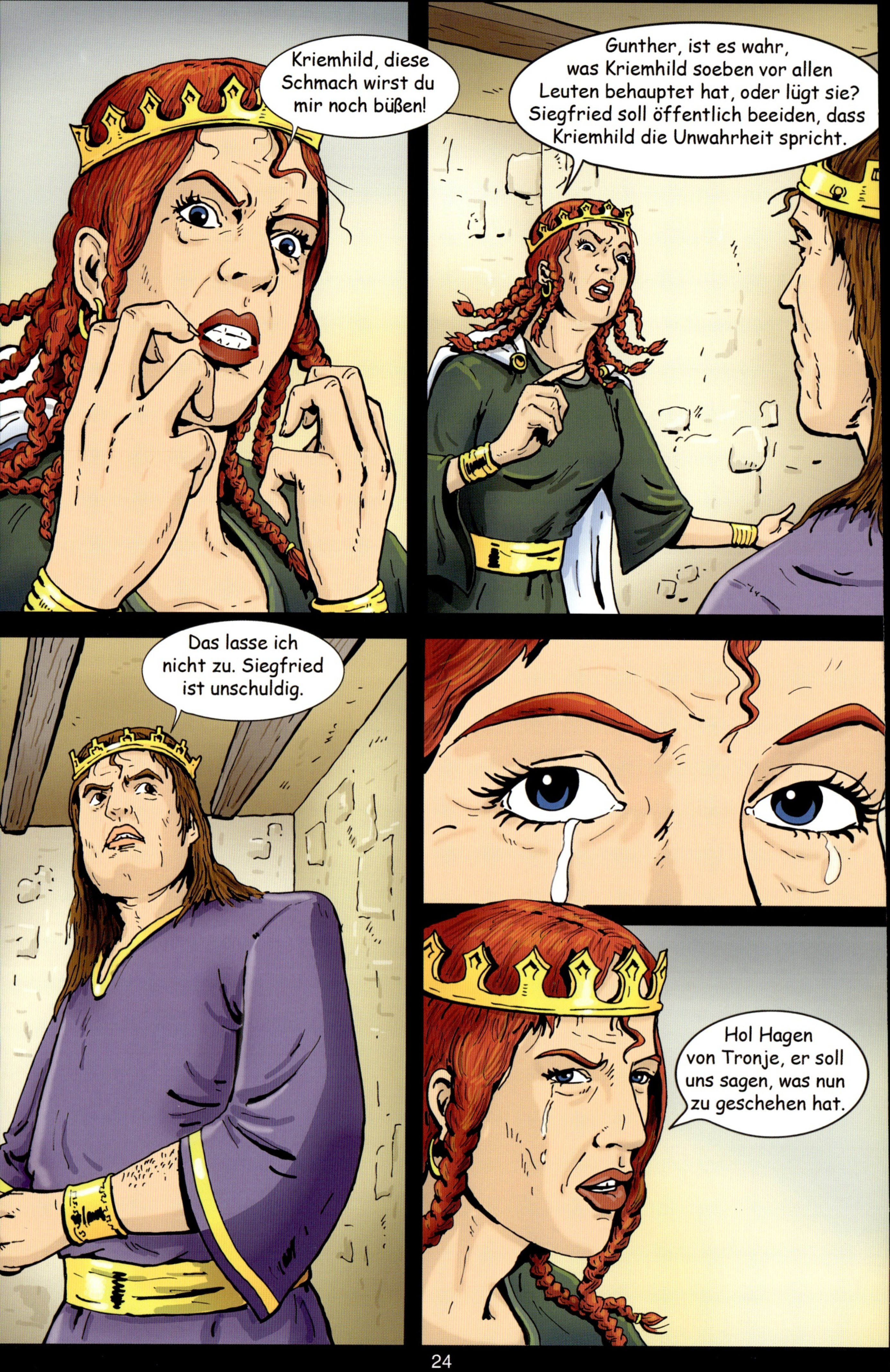
Kriemhild, diese Schmach wirst du mir noch büßen!
Gunther, ist es wahr, was Kriemhild soeben vor allen Leuten behauptet hat, oder lügt sie? Siegfried soll öffentlich beeiden, dass Kriemhild die Unwahrheit spricht.
Das lasse ich nicht zu. Siegfried ist unschuldig.
Hol Hagen von Tronje, er soll uns sagen, was nun zu geschehen hat.

Hagen, was schlägst du vor?
Der Schmerz meiner Königin ist auch der meine. Ich will Rache für die Schmach, die ihr zuteil wurde.
Ich hätte foldenden Plan: Wir lassen einen bestellten Boten nach Worms reiten. Dieser soll melden, dass die Könige von Sachsen und Dänemark den vereinbarten Frieden gebrochen hätten und nun gegen uns in die Schlacht zögen. Dann rüsten wir für den Krieg und reiten dem Feind entgegen. Jedoch kommt uns auf halbem Weg ein eingeweihter Reiter entgegen, der uns berichtet, dass unsere Gegner den Kampf aufgegeben hätten, weil Siegfried wieder mit uns in die Schlacht zöge. Statt zu kämpfen, begeben wir uns anschließend auf die Jagd in den nahen Odenwald, und dort werde ich versuchen, Siegfried zu töten.
So sei es beschlossen. Unterrichte meine Brüder Gernot und Giselher von unserem Vorhaben.
Wollen wir das wirklich?
Denk daran, Gunther, wenn Siegfried tot ist, fällt die Nibelungenkrone an dich, dann bist du der Besitzer des Nibelungenschatzes.

Am nächsten Tag kommt der falsche Bote mit der Nachricht in Worms an und berichtet über die Kriegsgefahr.
Haben Euch die beiden Könige nicht Treue und Frieden geschworen? Diese Untreue sollen sie bezahlen! Lasst mich am Kampf teilnehmen, ich werde sie mit meinem Schwert züchtigen!
Siegfried, bleibe diesem Kampf fern. Es ist nicht unser Land, das von den Königen von Sachsen und Dänemark bedroht wird.
Nein, ich kann nicht. Ich habe Gunther zugesagt, mit ihm in den Kampf zu ziehen.
Vielleicht kann Hagen von Tronje Siegfried umstimmen oder ihn zumindest in der Schlacht beschützen.
Hagen, ich fürchte um Siegfrieds Leben. Würdest du dich bereit erklären, ihn im Kampf zu beschützen?
Kriemhild, du scherzt. Was soll ihm passieren? Er ist doch unverwundbar.
Nicht überall. Sieh her, ich habe an jener Stelle, an der Siegfried verletzbar ist, ein kleines rotes Kreuz in sein Wams gestickt. Halte alle Gefahren von diesem markierten Fleck fern!

Am nächsten Morgen versammelt sich im Burghof zu Worms die burgundische Streitmacht.
Auf in den Kampf, Burgunden!
Seht, ein Bote!
Was? Die beiden Könige ziehen ihr Heer ab und wollen nicht mehr kämpfen? Wie sehr hat sich mein Schwert auf diese Auseinandersetzung mit den Verrätern gefreut.
Lass ab, Siegfried. Sieh, dort ist der Odenwald mit den besten Hirschen und Wildschweinen. Reiten wir zur Jagd statt in den Kampf.
Ein schlechter Tausch. Meinetwegen stillen wir unseren Blutdurst bei der Jagd und nicht im Krieg.

Siegfried erlegt einen prächtigen Hirsch.
Bei der Jagdpause ...
Ich leide Durst. Gibt es hier nichts zu trinken?
Der Wein wurde leider an einen falschen Ort gebracht.
Unweit von hier ist eine Quelle mit erfrischendem Wasser. Lasst uns dorthin um die Wette laufen und herausfinden, ob Siegfried auch diesen Wettstreit für sich entscheiden kann.
Siegfried erreicht als Erster die Quelle, legt seine Waffen nieder und beginnt zu trinken.
Hagen kommt nach kurzer Zeit ans Ziel, nimmt den Wurfspieß und rammt diesen Siegfried in die mit dem Kreuz gekennzeichnete Stelle.
Sterbend bricht Siegfried zusammen.

Wie wird Kriemhild auf diese Tat reagieren? Was sollen wir ihr sagen?
Berichten wir, dass eine Räuberbande Siegfried aufgelauert habe und die Räuber ihn hinterrücks erschlagen hätten.
Im Schutz der Dunkelheit bringen die Burgunden Siegfrieds Leichnam nach Worms.
Siegfrieds Körper wird an die Schwelle zu Kriemhilds Kemenate gelegt.

Am Morgen erblickt Kriemhild ihren toten Gemahl.

Ihr Mörder! Ist dies das Werk deiner Gemahlin Brunhild? Sprich!
Glaub mir, Schwester, ich weiß von nichts. Ich habe selbst erst vor Kurzem erfahren, was im Odenwald vorgefallen ist.
Siegfrieds Tod werde ich rächen, glaub mir Bruder!

Als Hagen bei Siegfrieds Aufbahrung näher kommt, bricht plötzlich dessen Wunde auf, und dunkles Blut quillt hervor.

Seht das Zeichen! Hagen von Tronje ist der Mörder!

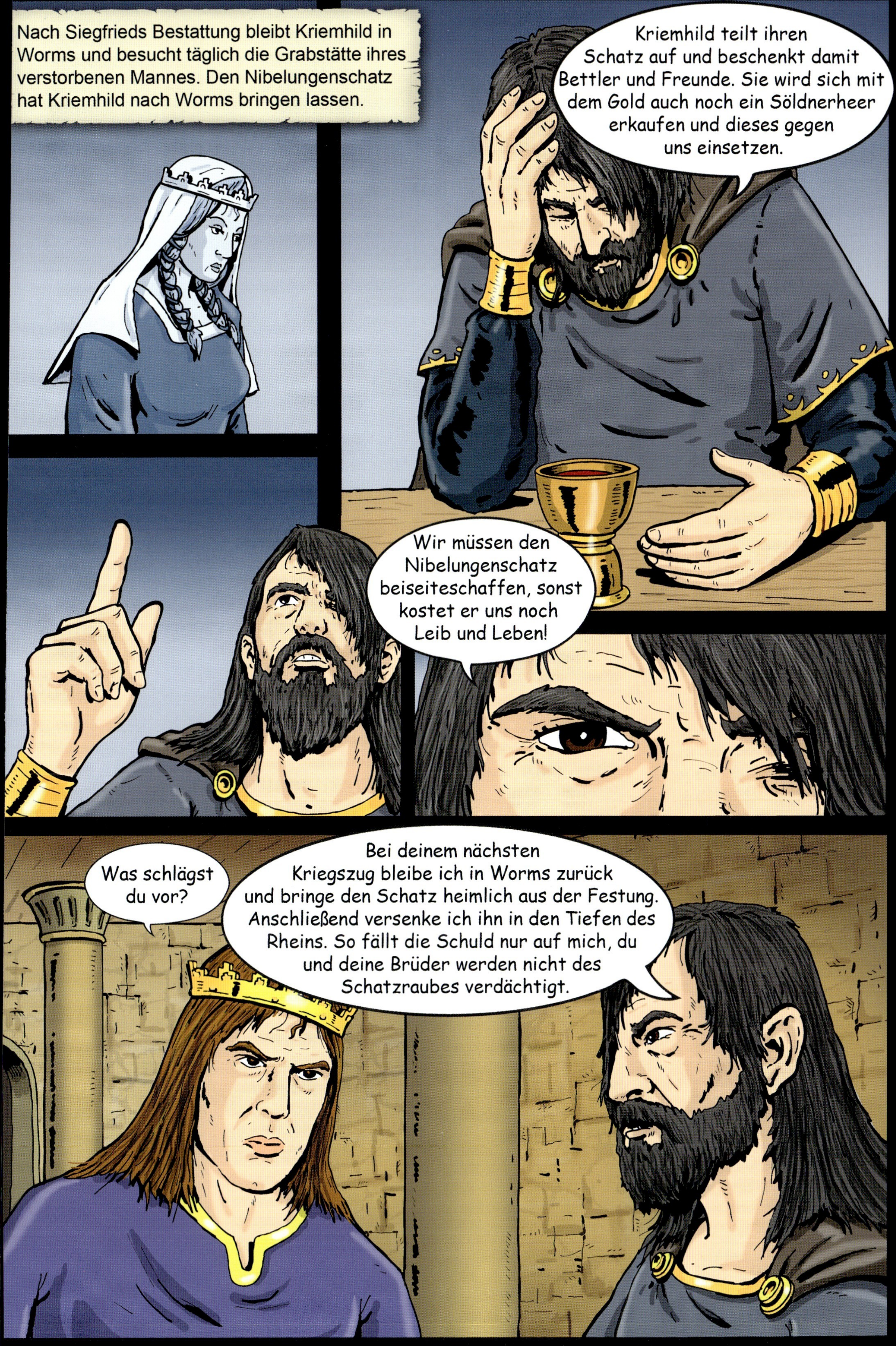
Nach Siegfrieds Bestattung bleibt Kriemhild in Worms und besucht täglich die Grabstätte ihres verstorbenen Mannes. Den Nibelungenschatz hat Kriemhild nach Worms bringen lassen.
Kriemhild teilt ihren Schatz auf und beschenkt damit Bettler und Freunde. Sie wird sich mit dem Gold auch noch ein Söldnerheer erkaufen und dieses gegen uns einsetzen.
Wir müssen den Nibelungenschatz beiseiteschaffen, sonst kostet er uns noch Leib und Leben!
Was schlägst du vor?
Bei deinem nächsten Kriegszug bleibe ich in Worms zurück und bringe den Schatz heimlich aus der Festung. Anschließend versenke ich ihn in den Tiefen des Rheins. So fällt die Schuld nur auf mich, du und deine Brüder werden nicht des Schatzraubes verdächtigt.

Als sich die Burgunden auf einem Kriegszug befinden ...
Hier in den Tiefen des Rheins wird kein Sterblicher den Schatz jemals mehr finden und heben können. Kriemhild ist ohne Gold machtlos und nicht mehr gefährlich.
Mein Schatz wurde geraubt Diese Betrüger

Etliche Jahre nach Siegfrieds Tod trifft Markgraf Rüdeger von Bechelaren am Hofe zu Worms ein.

Mein König Etzel, Herr über das Hunnenland, möchte Euch zur Gemahlin nehmen. Willigt Ihr ein?
Edler Markgraf, wenn Ihr und Eure Gefolgsleute mir versprechen, mich zu verteidigen, sobald mir Leid zugefügt wird, dann werde ich dem Heiratsantrag zustimmen und Euch gerne ins Hunnenland folgen.

Der Zug mit der Braut führt von Worms über Passau die Donau entlang bis nach Wien, wo König Etzel Kriemhild ehelicht, bevor die Reise zur Etzelburg fortgesetzt wird.

Nach sieben Jahren ...
Geliebter Etzel, ich habe so Sehnsucht nach meinen Angehörigen im fernen Burgundenland. Wie gerne würde ich sie zum nächsten Hoffest einladen.
Ich vermute, der Zweck der Einladung ist deine geplante Rache an Siegfrieds Mörder? Vielleicht ist es gar keine schlechte Idee, die Burgunden herzulocken, um in den Besitz des Nibelungenschatzes zu gelangen.
Eztel beauftragt einen Boten, die Einladung nach Worms zu bringen.
Vor der Abreise bittet Kriemhild den Boten in ihr Gemach.
Sorge dafür, dass Hagen von Tronje die Burgunden begleitet.

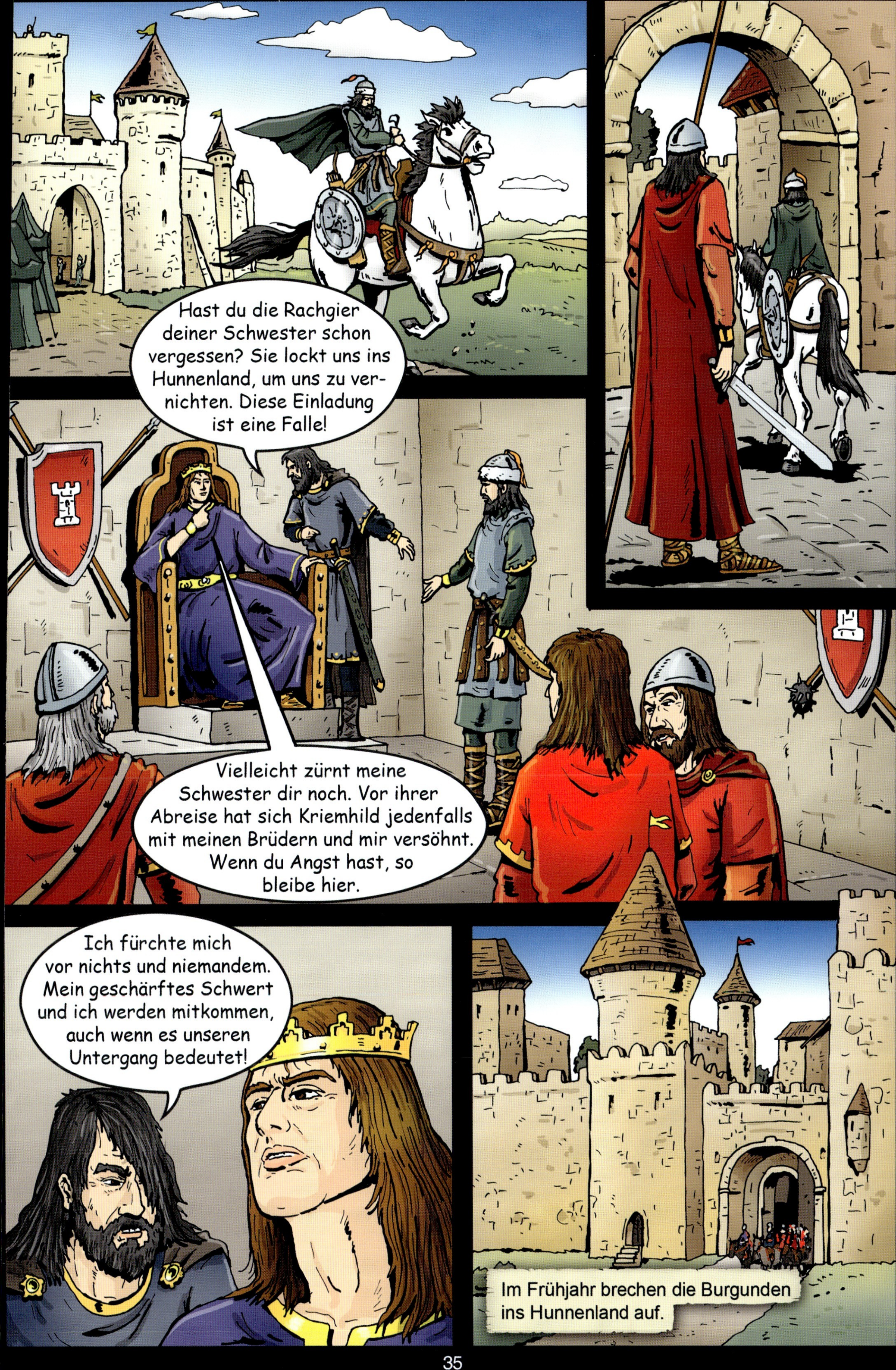

Hast du die Rachgier deiner Schwester schon vergessen? Sie lockt uns ins Hunnenland, um uns zu vernichten. Diese Einladung ist eine Falle!
Vielleicht zürnt meine Schwester dir noch. Vor ihrer Abreise hat sich Kriemhild jedenfalls mit meinen Brüdern und mir versöhnt. Wenn du Angst hast, so bleibe hier.
Ich fürchte mich vor nichts und niemandem. Mein geschärftes Schwert und ich werden mitkommen, auch wenn es unseren Untergang bedeutet!
Im Frühjahr brechen die Burgunden ins Hunnenland auf.

Die Donau ist über die Ufer getreten. Hagen von Tronje sucht eine Furt oder einen Fährmann, um den Fluss überqueren zu können.

In einer Bucht des Flusses nehmen zwei Donaunixen ein Bad.

Gib uns unsere Kleider zurück, Hagen von Tronje! Wir werden dir weissagen, welches Schicksal euch auf eurer Reise ins Hunnenland erwartet.

Sprecht, ihr weisen Nixen.

So höre, Hagen von Tronje: Keiner von euch wird die Heimat jemals wiedersehen. Nur der Kaplan von König Gunther, der euch begleitet, wird in seine Heimatstadt zurückkehren. Kehrt um, bevor es zu spät für euch ist!

Wir kehren nicht um!
Hagen, wo warst du? Wir haben uns schon Sorgen gemacht.
Ich habe eine Überquerungsmöglichkeit gesucht und gefunden. Nicht weit von hier können wir mit einer Fähre übersetzen. Folgt mir!
Bei der letzten Überfahrt packt Hagen den Kaplan und stößt ihn in den reißenden Fluss.
Hilfe!
Mit letzter Kraft schafft es der Gottesmann, das rettende Donauufer zu erreichen.
Warum hast du das gemacht?
Ich wollte herausfinden, ob die Weissagung in Erfüllung geht.

Die Burgunden, sie kommen!
Seid gegrüßt, König Etzel. Danke für Eure Einladung.
Warum tragt ihr Waffen? Legt sie ab. Bei uns ist es nicht Sitte, bewaffnet am Festmahl teilzunehmen. Habt Ihr auch das Willkommensgeschenk für Kriemhild mitgebracht?
Ihr scherzt. Wir wurden nicht informiert, dass die Gastgeberin ein Geschenk erwartet. Wenn Ihr den Nibelungenschatz meint, so kann ich Euch versichern, dass dieser gut aufgehoben auf dem Grund des Rheins liegt.
Es wäre besser für euch gewesen, mein rechtmäßiges Eigentum mitzubringen und mir auszuhändigen.

Am nächsten Tag findet ein großes Gelage im Festsaal statt.
Plötzlich stürmt Dankwart, Hagen von Tronjes Bruder, in den Raum.
Unsere Knappen und ich wurden von Etzels Bruder und seiner Hunnenschar überfallen. Ich bin der einzige Überlebende. Alle anderen wurden getötet!
Hagen springt auf und tötet mit einem Schwerthieb Ortlieb, den Sohn von Etzel und Kriemhild, der neben ihm am Fest-tisch saß.
Schließt die Tore, damit keiner der Friedens-brecher den Saal lebend verlassen kann!

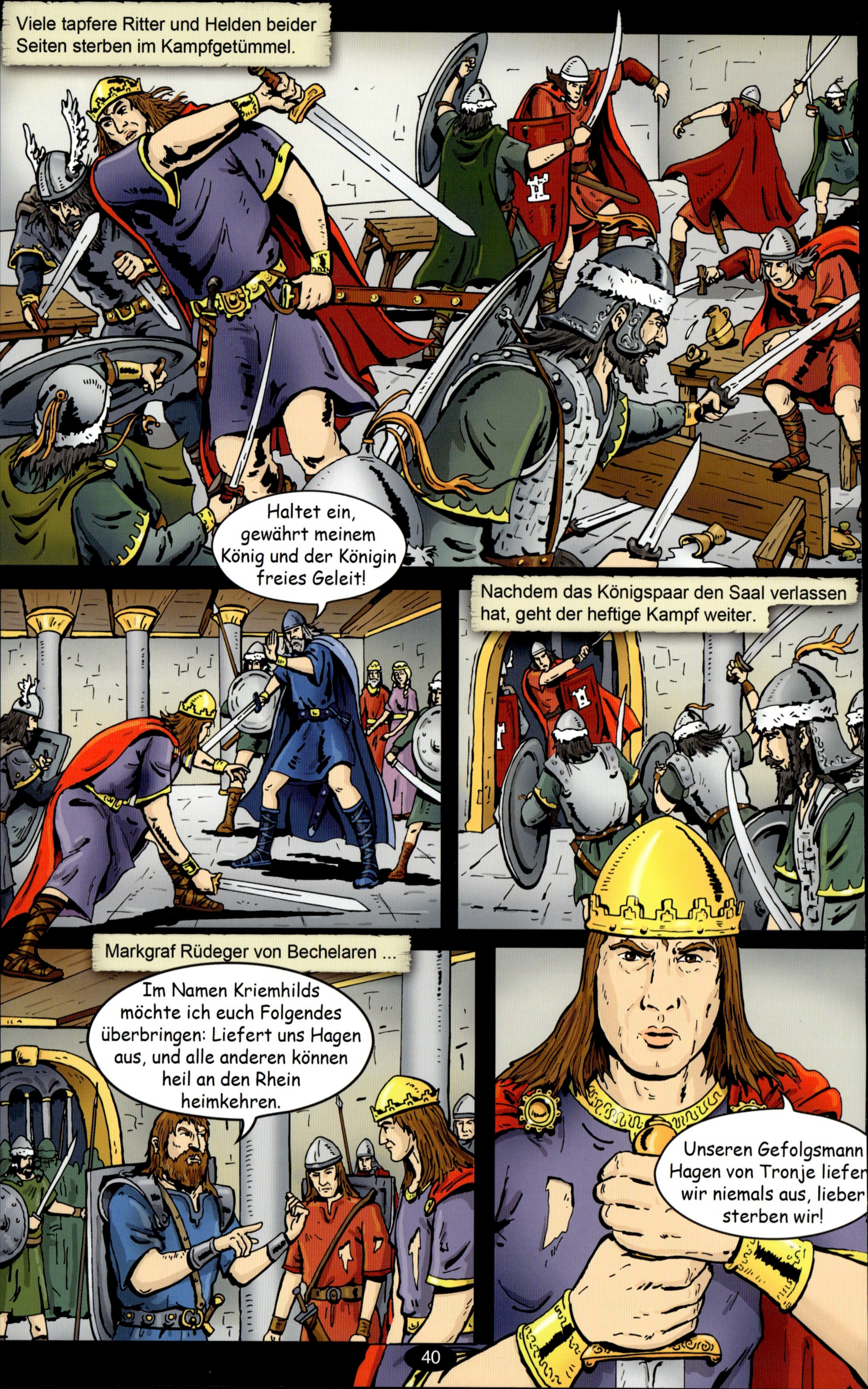
Viele tapfere Ritter und Helden beider Seiten sterben im Kampfgetümmel.
Haltet ein, gewährt meinem König und der Königin freies Geleit!
Nachdem das Königspaar den Saal verlassen hat, geht der heftige Kampf weiter.
Markgraf Rüdeger von Bechelaren ...
Im Namen Kriemhilds möchte ich euch Folgendes überbringen: Liefert uns Hagen aus, und alle anderen können heil an den Rhein heimkehren.
Unseren Gefolgsmann Hagen von Tronje liefern wir niemals aus, lieber sterben wir!

Zündet das Gebäude an!
Trotz der Feuerbrunst geben die letzten verbliebenen Burgunden den Kampf nicht auf.
Dietrich von Bern, versuche, König Gunther und Hagen von Tronje zu bezwingen.
Ich will sie lebend haben!
Da König Gunther und Hagen von Tronje vom Kampf bereits so geschwächt sind, ist es für Dietrich von Bern ein Leichtes, sie zu überwältigen und zu fesseln.

Werft sie
in den Kerker!
Wo ist der Schatz,
Hagen von Tronje? Nennt
mir die Stelle, wo er verborgen
liegt, und ich lasse Euch noch
heute unversehrt heim-
kehren.
Ich habe geschworen,
das Versteck des Schatzes
nicht preiszugeben, solange noch
ein König der Burgunden lebt.
Diesen Eid breche
ich nicht!
Königin, hier
ist das Haupt von
König Gunther.
Dies wird
sich lösen
lassen!

Sieh, Hagen, nun bist du nicht mehr an den Eid gebunden. Der letzte König der Burgunden ist tot.
Wo ist nun mein Schatz? Sprich!

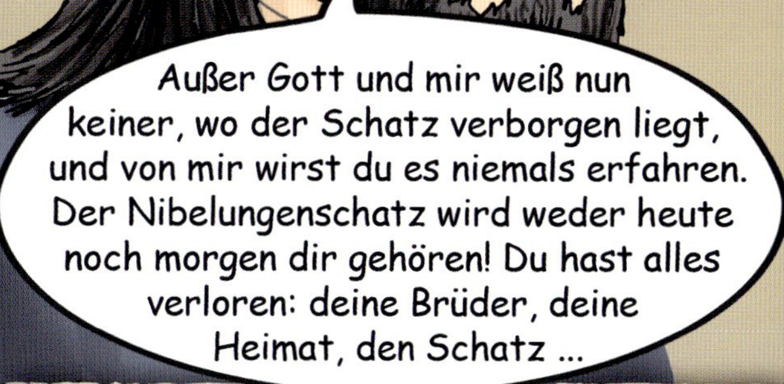

Außer Gott und mir weiß nun keiner, wo der Schatz verborgen liegt, und von mir wirst du es niemals erfahren. Der Nibelungenschatz wird weder heute noch morgen dir gehören! Du hast alles verloren: deine Brüder, deine Heimat, den Schatz ...

Daraufhin ergreift Kriemhild voller Wut das Schwert Balmung und schlägt Hagen von Tronje den Kopf ab.

Ritter Hildebrand, der mit König Etzel und Dietrich von Bern in den Kerker kommt, ist so entsetzt, dass der Held Hagen durch Kriemhilds Hand gestorben ist, dass ...

... er diese mit einem Schwerthieb tötet.

ENDE

Der Nibelungenschatz bedeutet Macht, ruft Kampf und Krieg hervor und führt letztlich zum Verderben und Untergang seines Besitzers.

Auentiure von den Nibelungen.

NS·IST· Jnalten mæren.
wnd's vil geseit. von heleden lobebæren. vō
grozer arebeit. von frevde vñ hochgeciten
von weinen vñ klagen. von kuner rec
ken striten. muget ir nv wnd' horen sa
gen. Ez whs in Burgonden. ein vil edel
magedin. daz in allen landen. niht schons
mohte sin. Chriemhilt geheizen. dv wart
ein schone wip. dar vmbe mvsin degene:
vil vliesen den lip. Jr pflagen dri kunī
ge. edel vñ rich. Gunther vñ Gernot. die
rechen lobelich. vñ Giselher d' iunge. ein werlich' degen. div frowe was ir swe
ster. die helde hetens in ir pflegen. Ein richiv chuniginne. frō Vte ir mvter
hiez. ir vat' d' hiez Dancrât. d' in dw erbe liez. sit nach sime lebene. ein ellens
rich' man. d' ovch in siner iugende. grozer eren vil gewan. Die herren wa
ren milte. von arde hoh erborn. mit kraft vñ mazen chvne. die rechen vz
erchorn. da zen Burgonden. so was ir lant genant. si frumten starchiv wn
der. sit in Etzelen lant. Ze Wormze bi dem Rine. si wonten mit ir chraft.
in dienten von ir landen. vil stolziv ritterschaft. mit lobelichen eren. vnz
an ir endes zit. si sturben iamerliche. sit von zweier frowen nit.

Die dri kunige waren. als ich gesaget han. von vil hohem ellen. in waren
vndertan. ovch die besten rechen. von den man hat gesaget. starch vñ
vil chvne. in scharpfen striten vnverzaget. Daz was von Tronege Hagene.
vñ ovch d' brud' sin. Danchwart d' snelle. von Metzen Ortwin. die zwene
marcgrauen. Gere vñ Ekkewart. Volker von Alzeye. mit ganzem ellen wol be
wart. Rvmolt d' chvchen meist'. ein vz erwelter degen. Sindolt vñ Hvnolt.
dise herren mvsin pflegen. des hoves vñ d' eren. d' drier kunige man.
si heten noch manigen rechen. des ich genennen niht en kan. Danchwart
d' was marschalch. do was d' neve sin. Truhsetze des kuniges. von Metzen
Ortwin. Sindolt d' was schenche. ein werlich' degen. Hvnolt was chame

Erste Seite der Handschrift C des Nibelungenlieds um 1220 - 1250 n. Chr.

Wissenswertes

Nibelungenlied

Das Heldenepos ist zu Beginn des 13. Jahrhunderts entstanden und auf Mittelhochdeutsch geschrieben. Als Verfasser wird ein gebildeter Kleriker aus dem Donauraum vermutet. Den historischen Kern der Nibelungensage bildet die Zerstörung des Burgunderreiches im Raum Worms durch die Hunnen im Bündnis mit dem römischen Heermeister Aëtius zur Zeit der Völkerwanderung um 436 n. Chr. Das Werk gliedert sich in zwei Teile: Der erste Teil behandelt die Gestalt Siegfrieds bis zu dessen Ermordung, der zweite Teil handelt von Kriemhilds Rache an den Burgundern. Das Nibelungenlied geht auf die Sagengestalt Siegfrieds aus alten Überlieferungen der *Edda* und der nordischen *Völsunga saga* zurück und wurde im 18. Jahrhundert wiederentdeckt. Das mittelalterliche Werk ist in sangbaren vierzeiligen Strophen gedichtet, deren Rhythmus und Melodie heute nicht mehr bekannt sind. Der Titel „Nibelungenlied" leitet sich von der Schlusszeile einer der Hauptfassungen ab.

Siegfried

Siegfried ist eine der bekanntesten mittelalterlichen Sagengestalten Deutschlands. Die Figur kommt in etwas anderer Gestalt in den Sigurdsliedern der *Edda* und in der nordischen *Völsunga saga* vor und wird dort Sigurd statt Siegfried genannt. Im Nibelungenlied ist der Held und Drachentöter Siegfried der Sohn eines Königspaares aus Xanten am Niederrhein, der sich unsterblich in die Schwester von König Gunther verliebt. Sein Leben und tragisches Ende wird vor allem von zwei Frauen, Brunhild und Kriemhild, bestimmt. Bereits in der *Ilias* von Homer über den *Trojanischen Krieg* kann man das Motiv der fast vollkommenen Unverwundbarkeit finden. Achilles, der Hauptheld des *Trojanischen Krieges*, ist bis auf die Ferse unverletzbar – ebenso wie Siegfried bis auf eine Körperstelle an seiner Schulter.

Kriemhild

Kriemhild ist die zentrale Figur des Nibelungenliedes, denn durch ihr Leben werden die beiden losen Abschnitte verbunden. Sie ist die Schwester von König Gunther, Giselher und Gernot. Im Nibelungenlied wird sie als schön und edel beschrieben. Nach dem Mord an ihrem Gemahl Siegfried verschafft sie sich durch die Heirat mit dem Hunnenkönig Etzel (Attila) genügend Macht und Einfluss, um Siegfrieds Ermordung und den Raub des Nibelungenschatzes zu rächen. Am Ende ihres Rachekampfes gegen ihre Brüder und Hagen von Tronje wird sie von Hildebrand, dem Waffenmeister Dietrichs von Bern, erschlagen.

WISSENSWERTES

BRUNHILD

Die Königin von Island (Isenland) besitzt übermenschliche Kräfte. In der nordischen *Völsunga saga* ist sie sowohl Walküre (mythische Kampfjungfrau) als auch Mensch und mit Siegfried (Sigurd) schon vor der Brautwerbung durch König Gunther bekannt. Im Nibelungenlied wird sie bei der Brautwerbung durch König Gunther mit Hilfe des unsichtbaren Siegfried bezwungen. Die durch den Streit der Frauen ausgelöste Demütigung Brunhilds führt letztlich zur Ermordung Siegfrieds durch Hagen von Tronje.

HAGEN VON TRONJE

Im Nibelungenlied ist Hagen der wichtigste Berater von König Gunther. Der düstere, einäugige und verschlagene Hagen tötet im Auftrag von Brunhild den Helden Siegfried. Nach der Ermordung Siegfrieds versenkt Hagen den Nibelungenschatz im Rhein, um zu vermeiden, dass sich Kriemhild durch Goldgeschenke an Wohlgesinnte Macht über die Burgunder erkaufen kann. Hagen stirbt durch die Hand Kriemhilds als letzter Held der Burgunderritter im Kerker der Etzelburg.

KÖNIG GUNTHER

Gunther ist König des Burgunderreiches und Bruder der schönen Kriemhild, die Siegfried zur Frau nimmt. Er ist im Nibelungenlied eine tragische Figur und ein schwacher Regent, der die Unterstützung von Siegfried und Hagen benötigt. Kriemhild lässt letztlich den Bruder köpfen und das abgeschlagene Haupt Siegfrieds Mörder Hagen zeigen, damit dieser erkennt, dass er nun an keinen Eid mehr gebunden ist und das Versteck des Schatzes preisgeben kann.

SCHWERT BALMUNG

Das Schwert Balmung wird von den Zwergenkönigen Schildung und Nibelung dem Jüngling Siegfried für die gerechte Aufteilung des Nibelungenschatzes versprochen. In den nordisch-germanischen Sagen heißt das Schwert Gram und hat eine andere Herkunfts- und Entstehungsgeschichte als im Nibelungenlied.

ZWERG ALBERICH

Alberich ist der Hüter des Nibelungenhortes und Besitzer der Tarnkappe, die ihrem Träger Unsichtbarkeit verleiht. Beim Kampf mit Alberich in der Nibelungenhöhle kommt Siegfried in deren Besitz. In den Nibelungendarstellungen der heutigen Zeit wird die Tarnkappe – vermutlich war in den Schriften ein Mantelumhang gemeint – fälschlicherweise als Kopfbedeckung beschrieben.

Wissenswertes

Burgunder

Die Burgunder sind ein Germanenstamm, der aus der Ostseegegend kam und unter König Gundahar (Gunther) im Gebiet um Worms ein Königreich gründete. Das Reich wurde von den Hunnen unter König Attila (Etzel) im Bündnis mit den Römern vernichtet.

Der Hunnenkönig Etzel

Attila – im Nibelungenlied wird die Gestalt Etzel genannt – war König der Hunnen und heiratet in der Nibelungensage die schöne Witwe Kriemhild. Die Hunnen waren ein zentralasiatisches Reitervolk, das während der Zeit der Völkerwanderung in Europa einfiel.

Dietrich von Bern

Er ist eine der bekanntesten mittelalterlichen Sagenfiguren Deutschlands und wird im Nibelungenlied als Freund der Burgunder dargestellt.

Hildebrand

Hildebrand ist Lehr- und Waffenmeister von Dietrich von Bern. Aus Wut, dass ein Held wie Hagen von Tronje durch die Hand einer Frau stirbt, erschlägt er am Ende des Nibelungenliedes Kriemhild mit Siegfrieds Schwert.

Drache Fafnir

Der Kampf mit einem Drachen ist seit der Antike ein beliebtes Sagenmotiv. In der griechischen Mythologie befreit Perseus eine Prinzessin aus der Gewalt eines Drachens, und in der christlichen Legende besiegt der Heilige Georg ebenfalls einen Drachen. Siegfrieds Kampf mit dem Drachen wird im Nibelungenlied nur am Rande erwähnt, in der *Völsunga saga* wird der Drache, der den Schatz bewacht, Fafnir genannt.

Nibelungenschatz

Im Nibelungenlied bedeutet Gold Macht, ruft Kampf und Krieg hervor und führt letztlich zum Verderben und Untergang seines Besitzers. Nach Siegfrieds Ermordung spielt der Nibelungenschatz als Machtmittel Kriemhilds eine wesentliche Rolle.

Trotz intensiver Suche konnte der durch Hagen von Tronje im Rhein versenkte Schatz – soweit dieser überhaupt existiert hat – nicht gefunden werden. Lochheit, zwanzig Kilometer flussabwärts von Worms, ist einer der Orte, auf den die im Nibelungenlied genannte Stelle passen könnte.

Der Autor und Illustrator

Rudolf Schuppler ist neben seiner Tätigkeit als Kinderbuchillustrator auch als Zeichner und Cartoonist für verschiedene Steuer- und Wirtschaftszeitschriften im In- und Ausland tätig.
Er wohnt in Mistelbach, ist verheiratet und Vater zweier Töchter.

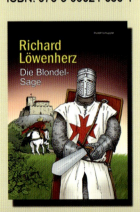

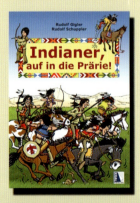

Weitere Infos unter www.grafik-schuppler.at

XANTEN
RHEIN
PARIS
WORMS
BURGUND
DONAU
REICH DER LANGOBARDEN
ROM